EL PACTO QUE TE NOMBRA

EL PACTO QUE TE NOMBRA
Primera edición: julio 2025
Reservados todos los derechos:
Ediciones Torremozas

© Lourdes Espínola
© de esta edición: Ediciones Torremozas
Fotografía de la autora: Luis Vera

ISBN: 978-84-7839-952-9
Depósito legal: M-15900-2025
Impreso en ESPAÑA

EDICIONES TORREMOZAS
ediciones@torremozas.com
www.torremozas.com

Lourdes Espínola

El pacto que te nombra

Prólogo: Carla Fernandes

LA NOCTÁMBULA

LOURDES ESPÍNOLA nace en Asunción (Paraguay). Está formada académicamente en Europa y Estados Unidos en las áreas de Ciencias, Relaciones Internacionales y Literatura. Tiene en su haber cinco títulos universitarios, Licenciatura de North Texas State University (U.S.A.) Cum Laude, Master de Southwest Texas State University (U.S.A.) Con Excelencia Académica, Magister de Universidad Metropolitana de Asunción (Paraguay). Doctorado de la Universidad Nacional de Asunción (Paraguay) y de la Universidad Complutense de Madrid (España).

Como diplomática aprobó con la máxima calificación el trabajo de investigación para el ascenso al rango de Embajadora.

En 1997 fue invitada por el Gobierno de los Estados Unidos al prestigioso programa International Writer's Program, en la University of Iowa. Durante ese periodo fue escritora invitada a Wellesley College, University of Miami y el Banco Interamericano de Desarrollo en Washington D.C. entre otras instituciones. Fue declarada ciudadana Honoraria del Estado de Texas por su labor literaria.

En Francia fue invitada a dar lecturas y conferencias en las Universidades de Caen, Lyon, Toulouse Le Mirail, Avignon, Montpelier y la Sorbonne, Ha sido elegida en el 2005 en Francia la poeta extranjera del año. Fue fundadora y Presidente de E.P.A. Escritoras Paraguayas Asociadas. Catedrática del Doctorado de la Universidad del Norte y de la carrera de Letras de la Universidad Nacional de Asunción.

Fue Consejero en la Embajada de Paraguay en Madrid, Agregada Cultural en la Embajada de Paraguay en Lisboa y Ministra en la Embajada de Paraguay en Buenos Aires donde lidero el Centro Cultural República del Paraguay en Argentina.

Entre los premios que le han sido otorgados están el Primer Premio de Poesía Signa Delta Pi (USA) Primer Premio Santiago Vilas (USA) Primer Premio La Porte des Poétes (Francia), Premio Nacional de Poesía Herib Campos Cervera (Paraguay) Mención de Honor del Premio Nacional de Literatura 2013

Fue condecorada con la Orden de las Artes y las Letras por el Gobierno de Francia en el Grado de Caballero (2011).

Su obra ha sido traducida al francés, alemán, italiano, portugués e inglés y estudiada en universidades de diversos países.

Tiene publicados los siguientes libros:

Visión del Arcángel en Once Puertas (1973); *Monocorde amarillo* (1976); *Almenas del silencio* (1977); *Ser mujer y otras desventuras* (edición bilingüe: inglés-español, 1985); *Tímpano y silencio* (1986); *Partidas y regresos* (1990) con prólogo de Augusto Roa Bastos; *La estrategia del caracol* (1995); *Encre de femme / Tinta de mujer* (edición bilingüe español-francés, 1997) con prólogo y traducción de Claude Couffon, *Les mots du corps / Las palabras del cuerpo* (edición bilingüe español-francés, 2001) con prólogo y traducción de Claude Couffon, *As nupcias silenciosas* (traducción al portugués, 2006-2016 segunda edición), *Desnuda en la palabra* (2011) con prólogo de José Emilio Pacheco, *Viaje al Paraíso* (2012) Mención de Honor Premio Nacional de Poesía *Juana María de Lara* (2012) en colaboración; *Antología poética* (2013); *Todo poema es animal de caza* (2018).

«En la tiniebla emerge»[1]: la poesía de Lourdes Espínola

Carla Fernandes

Crítica literaria y profesora de la
universidad de Bordeaux.

Hoy más que nunca nos resulta necesaria la magia de
la poesía la que, en palabras de Octavio Paz, también es
consuelo. Introducir a la lectura de estos nuevos poemas
de Lourdes Espínola es tanto reconocer la magia del ver-
bo creador como su vitalidad en el recorrido personal y
literario de la autora. Y no están tan lejos ambos de lo
que decía Michel Foucault de la relación entre su obra y
su vida, preservando una forma de privacidad sin traicio-
nar su doble reflexión sobre lo qué es un autor y el suje-
to: *«Je suis dans mon œuvre qui ne dit pas ma vie mais la
comprend»*[2], «Estoy en mi obra que no dice mi vida pero
la comprende».

De una dinámica similar surgen los versos que pueblan
El pacto que te nombra. Ahondar en lo que los inspira no
nos incumbe realmente. Pero, sin duda, todo poemario es
primero un poema y luego una larga cadena de poemas;
una obra no orgánica que, una vez terminada, la escritora
va moldeando para que llegue a las manos del lector bajo

---

1   p. 20.

2   Michel Foucault citado por Laurent Dartigues, «La question de
psychanalyse chez Michel Foucault», *Astérion* [En línea], 21 | 2019,
URL: http://journals.openedition.org/asterion/427 OI: https://doi.
org/10.4000/asterion.4278

la forma de un libro. Y ahí sí, en el espacio de la página, se juntan y se concentran momentos esparcidos de una vida y de un sentir; se concentran experiencias, miradas, sensaciones, palabras vividas y compartidas en territorios íntimos o distantes. Una cadena de sustantivos en femenino —experiencias, miradas, sensaciones, palabras— surge para ubicar este nuevo poemario *El pacto que te nombra* en la genealogía de los ya numerosos otros que lo preceden. En varios de ellos, Lourdes Espínola reivindica el ser mujer y una escritura surgida de algo más que una identidad: una esencia femenina. En éste, el canto, el tono, la prosodia se apaciguan porque precisamente a lo largo de los años y de los libros publicados, la poeta logró que se le reconozca esa particular esencia creativa convertida ahora en su ADN poético.

«Pasada la tempestad» (p. 24) también es el título de uno de los poemas a lo largo de los cuales la lírica de Lourdes Espínola nos sumerge, desde la intimidad, en «los murmullos del mundo» (p. 21). El poemario *El pacto que te nombra* se despliega destejiéndose desde el recuerdo inicial de un pacto con la fidelidad hasta «El verbo antiguo»[3] con su búsqueda de «la palabra primigenia». El amor, el amado, la poesía amatoria así como la escritura del cuerpo y la sensualidad de la poesía erótica se encuadran ahora más ampliamente en el canto a la naturaleza y al tiempo. Este no es nunca «el oscuro enemigo» sino el futuro o el metáforico «Tiempo vuelto adentro»: «Este árbol del tiempo/ resultó no tener raíces./ Solo una luz artificial/en lo oscuro.» (p. 15). Luna, sueño, espejo son algunos

---

3   Último poema (p. 75).

de los motivos culturales o mitos personales que, desde los poemarios anteriores cruzan también las diferentes vertientes de *El pacto que te nombra*. Desde él asimismo se contempla la poesía y el quehacer poético en textos como «Escribir poesía»: «Un poema es una constelación,/ es todo/ y solo eso.» (p. 18) o en «Para qué sirve un poema»: «¿Cuánto vale un poema?/ ¿Para qué sirve?/ Nada,/ nada/ y por eso/ todo,/ todo.». Antes de cerrarse con «El verbo antiguo», el poemario recalca en uno de sus textos más logrados, a partir de una figura repetida de preterición, el carácter esencial de la poesía: «Este poema no es un poema,/ es una botella al mar,/ una lágrima,/ una ola para mirar desde/ arriba./ Este poema no es un poema, / es una tabla que flota/ o un susurro secreto,/ un camino. [p. 74]».

Esencial y singular como todas las palabras empleadas en estos versos, esta nueva obra de Lourdes Espínola enriquece la cartografía poética que viene trazando desde varias décadas con arte y sabiduría.

A Dios por los dones.
A Vincent por el amor filial.
A Armando por la hermandad.

Ser fiel al pacto
es lo que importa,
es la fidelidad
a la flecha lanzada.

La certeza
de que existe el secreto
que se esconde
en lo blando del hueco de una mano,
en la alta calma,
de tu constelación,
la que toco
y se abre cuando llamo.

Ser leal
al tacto que te nombra.

PARA NO OLVIDARME PRECISO QUE ME NOMBRES

Ejercito el conjuro
desde la abierta vocal que te nombra,
que convoca y ampara.

Es semilla tu nombre:
breve, dulce y feroz;
le doy la bienvenida,
lo cautivo y poseo.

Me deleito en tu nombre,
lo toco, redondo en las yemas de los dedos
se erige y alza,
expectante, se tensa.

Me sumerjo en tu nombre.
No podrás olvidarte.

El tiempo vuelto adentro

Este árbol del tiempo
resultó no tener raíces.
Solo una luz artificial
en lo oscuro.
Fue la caída de las máscaras:
ser frágiles,
finitos,
ser humanos,
para salvarnos
en esos días multiplicados.

LAS POSTURAS DEL SUENO

No es cuestión de dormir
para adentrarse a ese territorio.
De cada rincón de la tierra
llegan los que esperan,
atan sus anhelos a la cintura
y van a pasear a la sombra de los párpados.
Se pierden,
se pierden...
El oficio del sueño
es el ejercicio del espejo.

Es tiempo de pararnos en el porvenir
de ajustar hoy cuentas del pasado
y pelar las horas en gajos
hasta llegar a cada semilla de respuesta.
El mundo era vehemente, conglomerado e intenso
y sonríe con labios humanos,
gime y se interpela.
Cuando suena un timbre sordo que anuncia
—el final o el inicio—
mutación de los muros.

Escribir poesía

Ermitaño o armadura,
este esgrimir la pluma
por donde flota imagen y sonido.
Los sueños míos siguen siendo míos.
Con sus huellas brillantes
cruzan la oscuridad del papel.
Un poema es una constelación,
es todo
y solo eso.

Las montañas se alzan como banderas,
y estoy entera,
un poco más humana y algo extraña.
Abrazo mi naturaleza
y la poesía se filtra por mis grietas.
El corazón es una antigua historia y tu nombre el secreto
[tatuaje.
El pensamiento de un volcán es también un volcán.

No quiero pensar cuando anochezca
el resplandor antes me retiene, hurgo, me deslumbra
ese momento puro,
punto de luz, estrella de reposo.
En la tiniebla emerge
la secreta belleza,
una vida gestada
es aún vida
que susurra un universo entero.

Anillo por anillo
son las bodas en los bosques.
La luna asoma atolondrada
y abre la jaula
a las estrellas.
En celebración
las promesas se aferran
al costado del lago
y la música llena las piedras.
Las nupcias esconden
los murmullos del mundo.

Otra forma de exilio

No tiene sentido
esta fraternidad a distancia,
arrebata lo mejor de mí,
une la realidad con alfileres.
En este mismo instante
todas las manos están secas,
los besos envenenados.
Pasó un ángel y sintió frío.
Cuando anochece mi mano te recibe
mi abrazo te cierra
y es allí
donde elijo vivir.

La vida cada día
es un jardín sembrado
donde entierras las semillas
y luego el bien florece con leve luz.
El porvenir se abre esperanzado
se esparce,
como hoja en otoño.
Inclina tu corazón hacia el cielo,
te mostraré el camino de lámparas brillantes,
estrellas que giran en órbitas prestadas.
Aguarda,
te mostraré el principio de la dicha.

Pasada la tempestad
sobrevive el inmenso mar de la mañana.
El húmedo cielo
alarga su mano
a un otro lugar.
Quieto está el día.
Abriéndose en amor
en un giro lejos y sereno,
el trémulo porvenir saluda.

Llegada lacerante la esperanza
hasta la tierra silenciosa y sola.
Cada estrella hace arder un cielo,
única flor que invoca vida.
Otro tiempo pasa como rumor
navegando a la pequeña isla
sembrando en corazón,
futuro día.

Una pregunta inaugura a otra

Qué bueno que dijeras
esa palabra breve,
que del gran alfabeto de Dios
elijas ese sonoro carácter.
Pudiendo llamar a cualquiera,
me nombraste.

La luna en voz baja
es un barco tranquilo.
El mundo silencioso se desplaza
y limpia su cuerpo en el silencio,
la desnudez de la piedra.
En el espacio del enigma
habla ese amor nuestro
el que apenas supe nombrar.
El linaje de la noche
sigue al día,
el quiebre del alba
a la senda vespertina.
La primavera no es primavera
sino otoño
y la calma olvidada
trae tu corazón
en ese errante beso.

Las palabras de ayer
no tienen rostro
ni las lágrimas encima de los párpados.
Inclino mi vida al jardín
donde existe tu voz
en un idioma azul.
En cada rama
están tus manos
como ofrenda.
Estás a salvo,
como un niño pequeño y dormido.
Escribo para oírte.

El tiempo corre deprisa
mientras lucha la altura de mi mano.
Tuve mi primer verano,
el amor seguro y calmo,
el olor a pan,
el luminoso sol.
Todo renace hoy
en la manta extendida
en torno a las estrellas.

PARA QUÉ SIRVE UN POEMA

¿Cuánto vale un poema?
¿Para qué sirve?
Nada,
nada
y por eso
todo,
todo.
Las palabras ocultas al borde del poema brillan
para guiarnos al goce de los signos.
Hacen guiños y saltan,
se esconden,
resplandecen,
mostrándonos desnudas
su regalo invisible.

Nocturno

Al tacto hasta las estrellas,
el destello libre en la yema de un dedo.
La noche,
un instante quieto,
se abre como una crisálida
a punto de ser transformada.
Caen como gotas de luz adentrándose
en la puerta del alba
que te nombra
antes que regreses.

Conocimiento

Conocerte fue buscar
un mundo sin referencias anteriores.
Me miraste y te miré,
quedamos suspendidos en el tiempo.
Sin resistirnos nos adentramos al mar del otro:
tu centro y mi contorno.
Éramos navegantes de futuro
diciendo «ven a nadar en mí».
Borde de civilización no descubierta.

Nowhere but paradise

Cuando el mito del amor
resplandeció,
brilló la luna, la marea y la noche.
Extendí la arena mojada susurrante
para recibirte
como el primer día del mundo.

CLASE DE HISTORIA

Contar la historia no es narrar
la batalla, el nombre, la estrategia.
Es intuir la voz de la clemencia humana,
de lo que fue sagrado,
de como las estrellas cambian
el corazón y se mezclan con la chispa de una fogata.
Contar la historia
es explorar el miedo debajo de la máscara,
para ver la luz del eclipse
adentrándose estrecha
en la puerta del tiempo.

El nombre de Dios

El nombre de Dios
es la belleza que me habita,
es el día futuro,
una ofrenda con su pulso.
El honor de tu favor y fervor.
Es el rostro fecundo,
sublime como el fuego
de secreto enigma.
Es cuerpo del silencio
que crece en pensamiento.
El nombre de Dios
es,
finalmente,
todas las palabras.

FUTURO

La interrogación
se presentó ante mí
toda desnuda.
¿Cómo entender su raíz?
¿Cómo saber del éxodo del tiempo?
El aroma de fértil sueño,
la niebla del destino
o la mano
hacia el oleaje de mi aliento.
Mientras la palabra esté viviente
el futuro es promesa.

Migajas de humedad,
cae la lluvia,
palpa en un salto
mi andar presente y pertinente.
Es un velar nocturno
la llovizna
que hace nube
cada cifra de la tierra.
Soy cada pizca de jardín
y cada espera
a la confiada ceremonia
de tu mano.
Soy acuática promesa
que habita para ti
desde la orilla.

Vamos a ordenar el cosmos,
lentamente,
el amor acaba de empezar.

Como si fuésemos, el primer y último amor,
vayamos antes que caigan
las estrellas errantes.

Tu corazón y el mío son
dos meteoros a punto de estallar.

Enciende cada palabra,
muestra el camino
para cuidar nuestras vidas,
dobla tu rodilla
al borde de la eternidad.

Hice la arqueología de tu cuerpo
con pica y pala.
Transformo en palimpsesto
los textos primitivos
que me han precedido.
Borro cada caricia y cada beso,
con pico y pala
con verbo y verso.
Vuelvo a escribir
el nuevo texto de tu cuerpo,
para que existas.
Te redimo.

AMOR SERÁ EL NOMBRE DE MI HERIDA

Volviste a ser tú,
lento y casi sin motivo
tu rostro recobrado,
horadando el óvalo y perfil
a través de mi imagen.
Estás mutando y mudando
en donde el destello ilumina,
ese lago-mujer
donde te hundes
o el fuego
donde
está el altar
y ofrenda,
donde yo habito
para que puedas ser.

Cuando me nombras
es la voz del fuego,
eco solitario del sueño,
la volcánica vocal con que inicia el secreto
y todo es nuestro otra vez.
Cantas para mí,
alimentas mi cuerpo y sus esquinas
y me inclino hacia tu corazón y tu boca
y soy apenas mujer,
rasgada isla
bajo el encantamiento
de pedazos de palabras
que me nombran.

Ese hombre está tallado en mí hace cien años.
Él aparece cada tanto
y todo pasa,
es una circunferencia de futuro.
El poniente se dobla
y el cuerpo vaga peregrino
lejos de aquel naufragio primigenio.
Las sílabas son migraciones,
caen de puerta en puerta.
Narrador del relato interminable
atravesando mi reposo,
me tomas lentamente, tersa,
descalza hasta la tierra prometida.

A ciegas mojo mis manos en el mar
o en tu cara,
las venas de tus sienes son testigos,
tu sonrisa despliega su desnudez
y desafía.
—No está muerta en desventura la mañana—.
Antes que tu palabra,
antes de ser ya te escuchaba,
en el vientre donde habita
la sal y la esperanza.

La geometría territorial de tu espalda,
tu única arma la palabra.
Puedes nombrar al universo,
ordenar el caos y tristeza,
tersar como una sábana
sin contornos
la esperanza.
Tan frágil y tan puro,
tan fuerte y tan callado,
escuchas la inagotable historia
de la búsqueda
del viejo sendero.

Me estoy narrando
de pie en mis pisadas,
amando cada grieta
cuando el sol me lame y acaricia,
aprendiendo el nudo de mi historia.
Voy renaciendo o nazco primigenia
en este sueño al romper el día
y soy sereno bosque,
gota a gota
susurro
donde comienza el mundo.

El grito de mi nacimiento

De las puras huellas
del sueño,
el fruto de la creación,
semilla y savia,
anillo vestido de tu gracia.
Cubres mi contorno y
soy creación fecunda de Tu mano.
Pones con la punta de tu dedo,
en mi naciente boca,
el germen de poesía.

Purificada por el silencio
extiendo las alas,
me cobijo debajo de tu amor
en mis huesos,
escondo la oscuridad
donde se junta la creación entera
como libro
con cada secreta fórmula
de sabiduría.

Eres relámpago
que me enciende transparente.
El espeso fruto que es tu palabra
no se extingue nunca
y sopla sobre mis días
y vienen una y otra vez
y miro al fondo
hasta tocar la perdida llave de la libertad.

ENCUENTRO

Tu voz era al saludo,
la plenitud.
Estoy mirando lejos,
tus manos se diluyen
como neblina y ruedan
en la noche alrededor de mi cintura
y no sé dónde voy...
me pierdo en ti,
desaparezco.
Háblame de mí
para reconocerme.

He perdido unas llaves,
un peine,
la risa y la paciencia.
Hay un lugar donde van
las cosas perdidas,
se cubren y se ocultan,
juegan a las escondidas
entre ellas
y de pronto salen a la luz
a pasear al mundo.
Regresan con nosotros
sin importarles la búsqueda,
así como los gatos.

BESO

La mirada rotunda de absoluto amor,
la espuma de una mano de purificada aurora,
es prefacio, piel dentro del beso,
desnuda ola donde asoma el tiempo.
Abismo distraído,
y nido
siempre nido.

Solo el poema es el espejo
que exprime suave
la sagrada ciudad
detenida en tu boca.

Cayendo como dentro del mar
a tus brazos,
hasta saber la claridad del secreto.
Tocar la memoria con los dedos
como vencida en la eternidad
que se abre
y desafía.
La cima de la vida,
del tiempo,
del enigma.
Cayendo ante el espejo
de tu sombra
despojada del fuego,
la palabra.
Soy vulnerable brújula para salvar la fe.

La luna espeja tu cara
la eternidad de cada sueño,
la promesa
clara, redonda,
que revela los cuatro puntos cardinales.
Sonríes,
el bosque virgen se ilumina
y la muerte extravía el camino.

Nacemos totalmente humanos
y perdiendo la piel
al poco no lo somos.
Incapaz de amar
perdemos el corazón
entre el asfalto y la escalera del metro.
La ilusión es pisada,
se abrió la puerta del tren
y las luces de un semáforo
nos dejaron insomne.

Llegada

Se extiende el umbral de bienvenida.
Esbelto y solo,
grande como un nudo
a veces el silencio
es compañía de sombra.
Reloj solar
que nos indica el camino.

Se dice que un acto de amor
está más allá del bien o del mal.

El peligro está en que se multiplica:
otro acto de amor,
otro,
otro.
Hay algo que descubre lo eterno,
la gracia y el deseo.

El largo aliento cubre
y son meteoritos cayendo
en estos actos de amor,
y otro,
y otro.

Anhelar la nieve

Bajo el colchón suave
surgen raíces.

Jazmines que vuelven
como nieve,
o son nubes.

Buscan la superficie
y lo que esconde:
piedras y raíces,
la marca de un zapato
del andar amado,
otra forma del agua.

La luna derretida,
es también
la nieve.

Tu cuerpo es mi ciudad,
cuando la sangre era inocente.
Nunca fui extranjera
en tu boca
de anudada esperanza.

Tu cuerpo
es mi ciudad
de oculto continente.

Cada beso es una traducción,
me dices en tu idioma prestado,
navegas entre líneas
para llegar a la hendidura de mi corazón.

Tu amor es un diccionario de silencios
y la palabra hallada es júbilo
y descubrimiento.

Luego te acercas
y sabemos que cada beso
es solo traducción.

Tu mirada es
pasaporte al futuro,
ritual de la melancolía.
La inscripción de tu rostro,
un hermoso rastro en el agua,
presencia que despierta
cual secreto.

El poema se crea solo,
se pierde y encuentra su camino.
Se mezcla con su fuente,
sacrifica la sílaba.
Con cada vocablo nace,
como las migas desechadas
de un pan tibio.

Confié en la palabra
el depósito de mi verdad.

Me traslado,
me mudo,
pierdo cosas,
y el lenguaje del silencio
enriquece el signo ausente.

Solo poesía en mí,
para que las palabras
no oculten verdad,
esa verdad
envuelta en vocablos
que tienen futuro
en el hueco absoluto del papel.

Amanecí apaciguada
en el murmullo que recuerda
tu boca.

Amanecí como quien duerme
y sueña que camina.

Amanecí en la desnudez
en que se yergue
lo nombrado.

Amanecí arrullando el signo de los gestos
que fluyen de tus brazos.

Amanecí con circular espejo de callado paraíso
donde confluyen la noche y la mañana.

Construyo mi cuerpo,
soy quien riega el trigo
y soy cosecha.

Prodigiosamente voy invocando dentro de mí misma,
rescato las memorias
como fundas que son epifanía,
un poco llama, un poco hielo.

El ciclo de la sangre recobrada,
momentánea y eterna.
Construyo mi cuerpo,
incandescente gota.

El universo es el gran poema de Dios,
pleno en imágenes y enigmas.

Todo se extiende y ofrece
ante un único ojo
que llega donde nadie.

Con poemas construyo y apuntalo
una catedral.

Tapar la boca con un beso,
tambor tembloroso y azul,
labios que son manos
lavando.

Beso, volcán de la palabra
que apura el paso del poema.

Beso de donde nace el don,
beso que nombra,
beso donde acabadamente
estás latiendo.

Solitaria como una nuez
que guarda lo tibio dentro,
estoy en el ritual de la tarde.
Cuando desnudan sol y luna,
de pronto apareces
con tu sonrisa entera,
con tu boca de constelaciones
y tu mano que desgrana.
Fluye hasta tocar mis dedos
y está abierta
de par en par
la ventana de la felicidad.

Quédate con todo lo que sobra,
solo deseo la estructura sencilla del poema.
Las voces hablan en silencio
de serena belleza,
se entrelazan,
suave desorden
que se vierte de silencio.

En la hora suave de tu sueño
aparezco,
invado tu recuerdo.
Finge solamente que es el viento
lo que pasó junto a tu cama,
que el inventario de tu vida
que desplegué
fue una nube invencible
repitiendo:
toma mi mano,
tómala sobre la multitud.

Si me rindiera a mi dolor,
si abriera el dique de mis lágrimas
—con furia empujadas hacia dentro—
explotaría un acuoso silencio
interminable.

Yo, sería acuosa
hasta derretirme enteramente,
hasta no ser
sino solamente río,
entregado al espejo de tristeza.

Tu beso flota en el mar de mi mano,
péndulo en la península de cada yema.
La gloria de tu aliento
es corcel profundo y blanco,
una incisión en un desnudo árbol.
Los gestos cuando miras
se abren al fuego azul de la marea,
donde reposa la parte más callada
de tu corazón.

El amor es otra manera de estar sola,
es distancia de nombre,
una palabra madura y silenciosa.
El amor es consagrarse en querer volar
hasta tu sombra
y que sea claridad inagotable.
Amarte es simplemente
estar conmigo eternamente.

Este poema no es un poema,
es una botella al mar,
una lágrima,
una ola para mirar desde arriba.
Este poema no es un poema,
es una tabla que flota
o un susurro secreto,
un camino.
Este poema no es un poema,
pero qué bueno que exista
y que se escriba.

El verbo antiguo
sostenido al límite,
repetida la palabra.
Su peso cae lento,
cae sobre la piel del cuerpo
y toca el hueso al borde.
Busco la palabra primigenia
en prodigioso círculo,
en el hueco de la mano
y puedo
abrazar entonces
el poema.

Índice

Este libro
se terminó de imprimir el día
10 de julio de 2025,
aniversario del nacimiento
de la escritora
Alice Munro.